Beate Mohr

Emotionale Intelligenz als Erfolgsfaktor

D1664277

Beate Mohr

Emotionale Intelligenz als Erfolgsfaktor

GRIN Verlag

Bibliografische Information Der Deutschen Bibliothek: Die Deutsche
Bibliothek verzeichnet diese Publikation in der Deutschen Nationalbibliogra-
fie; detaillierte bibliografische Daten sind im Internet über http://dnb.ddb.de/
abrufbar.

1. Auflage 2005
Copyright © 2005 GRIN Verlag
http://www.grin.com/
Druck und Bindung: Books on Demand GmbH, Norderstedt Germany
ISBN 978-3-638-66174-4

Emotionale Intelligenz als Erfolgsfaktor

Seminararbeit von

Beate Mohr

21. April 2005

Inhaltsverzeichnis

Bildverzeichnis

Tabellenverzeichnis

Abkürzungsverzeichnis

Prof.	Professor
Dr.	Doktor
FH	Fachhochschule
EQ	Emotionaler Quotient
IQ	Intelligenzquotient
z.B.	zum Beispiel
S.	Seite
Vgl.	vergleiche
a.a.O.	am angegebenen Ort
f.	folgende
ff.	fortfolgende
o.V.	ohne Verfasser
www.	World wide web

1 Einleitung

„Was nützt ein hoher IQ, wenn man ein emotionaler Trottel ist?"[1]
Viele Jahre war der IQ-Test das einzig anerkannte Instrument, um menschliche Intelligenz zu messen, sei es, um festzustellen, ob ein Schüler das Gymnasium besuchen durfte oder ob ein Bewerber für eine Lehrstelle geeignet erschien. Intelligenztests wurden Bestandteil vieler Auswahlverfahren und sind dies bis heute noch.[2] Doch ist ein hoher IQ auch ein Garant für außergewöhnliche Erfolge?

Daniel Goleman war nicht der erste, der erkannte, dass neben dem IQ auch andere Faktoren den Erfolg eines Menschen wesentlich beeinflussen, die von den herkömmlichen Methoden aber nur unzureichend erfasst wurden.[3] Aktuell wurde die Thematik allerdings erst durch sein Buch „Emotionale Intelligenz", welches Weltruhm erreichte. Die Zeiten, in denen der Mitarbeiter als reiner Produktionsfaktor angesehen wurde, sind vorbei. In vielen Unternehmen ist er mittlerweile sogar mehr als nur ein Faktor zum Erfolg, er ist zum höchsten Gut des Unternehmens – zum strategischen Erfolgsfaktor – avanciert. Daher suchen sich Arbeitgeber heute ihre Mitarbeiter sehr sorgfältig aus und legen neben hohen Anforderungen an die analytisch-logischen Fähigkeiten auch eine hohe Messlatte an die emotionale Intelligenz eines Menschen. So werden bereits bei der Bewerberauswahl Verfahren eingesetzt, die deren Vorhandensein systematisch überprüfen.[4]

Besonders bei der Einstellung von Führungskräften wird die emotionale Intelligenz als der zentrale Erfolgsfaktor angesehen.[5] So fand *Goleman* heraus, dass Fähigkeiten wie Selbstvertrauen, Leistungsorientierung, Vertrauenswürdigkeit, Empathie und Teamfähigkeit für den herausragenden Erfolg doppelt so wichtig sind, wie IQ und Berufserfahrung zusam-

---

[1] *Goleman, Daniel*, „Emotionale Intelligenz", 1997; Buchrücken

[2] Vgl. o.V., http://www.xenu.ch/tests/ocatest2.htm, abgerufen am 22.02.2005

[3] Vgl. *Goleman, Daniel*, „Emotionale Intelligenz", 1997, S. 58

[4] Vgl. *Wickel-Kirsch, Silke, Wetzel, Viktor*, „Ermittlung von emotionaler Intelligenz", S. 58, Personalwirtschaft 7/2001

[5] Vgl. *Olesch, Gunther*, „Emotionale Intelligenz: Erfolgsfaktor im Personalmanagement", S. 66, Personalführung 10/1999.

men.[6] Weiterhin entdeckte er, dass der Unterschied zwischen Durchschnitts- und Spitzenmanagern zu 90% auf Faktoren der emotionalen Intelligenz zurückzuführen ist. Dadurch wird deutlich, dass deren Bedeutung mit der Hierarchiestufe steigt.[7] Doch wie sieht dies in der Praxis aus? Wie kann emotionale Intelligenz gemessen werden? Ist es überhaupt möglich, Mitarbeiter bezüglich der weichen Faktoren transparent auszuwählen und weiterzubilden?

Ziel dieser Arbeit ist es neben der grundsätzlichen Vorstellung des Begriffs „Emotionalen Intelligenz", deren Notwendigkeit und praktische Bedeutung darzustellen. Anhand eines Beispiels wird weiterhin die Integration von Komponenten der emotionalen Intelligenz in die Weiterbildung aufgezeigt. Abschließend wird im Fazit die Rolle der emotionalen Intelligenz in der Unternehmenswelt kritisch diskutiert und Stellung dazu bezogen, ob diese Komponenten effektiv in die Mitarbeiter-Auswahl integriert werden können und inwiefern die emotionale Intelligenz von Mitabeitern tatsächlich einen Erfolgsfaktor darstellt.

---

[6] Vgl. *Peters, Axel*, „Das Hay-Beratungskonzept", S. 16, Management & Training, 8/2000
[7] Vgl. ebenda

2 Was ist emotionale Intelligenz?

2.1 Begriffsdefinition

Emotionale Intelligenz ist - kurz gefasst - die Fähigkeit, mit sich und seinen Mitmenschen erfolgreich umzugehen. Definiert wird emotionale Intelligenz wie folgt: "Emotional intelligence is observed when a person demonstrates the competencies that constitute self-awareness, self-management, social awareness, and soft skills at appropriate times and ways in sufficient frequency to be effective in the situation."[8]
Nach *Goleman* wird sie anhand von fünf Komponenten identifiziert, die im Folgenden näher beschrieben sind.

Abbildung 1: Die fünf Komponenten der emotionalen Intelligenz[9]

---

[8] *Peters, Axel*, „Das Hay-Beratungskonzept", S. 16, Management&Training, 8/2000
[9] Die Abbildung ist vom Autor selbst erstellt

2.2 Die fünf Komponenten

2.2.1 Selbstreflexion

„Selbstreflexion bedeutet, sich der eigenen Emotionen, Stärken, Schwächen, Bedürfnissen und Antrieben bewusst zu sein."[10] Genauer bedeutet dies, dass sich selbstreflektierte Menschen darüber bewusst sind, wie ihre Gefühle sie selbst, andere Menschen und deren Arbeitsleistung beeinflussen. Sie verstehen ihre eigene Werte und Ziele und haben dadurch die Möglichkeit, ihre eigenen Fähigkeiten realistisch einzuschätzen.[11]

Menschen mit einer ausgeprägten Selbstreflexion werden ihre Vorgesetzten immer um adäquate und leistungsgerechte Aufgaben bitten. Bei Aufgaben, die sie überfordern, werden sie die Durchführung ablehnen oder Hilfe in Anspruch nehmen. Selbstvertrauen in die eigenen, realistisch eingeschätzten Fähigkeiten, gehört bei ihnen ebenso zum Wesensbild, wie die Aufrichtigkeit, Fehler oder Unvermögen freimütig einzugestehen.[12]

Merkmale der Selbstreflexion lassen sich zum Beispiel bereits bei Bewerbungsgesprächen erkennen. Verfügt der Bewerber über einen selbstkritischen Humor und gibt er begangene Fehler zu, kann dies ein Anzeichen dafür sein, dass es sich hier um einen selbstreflektierten Menschen handelt, der seine Stärken, aber auch seine Schwächen kennt.[13] Das Eingestehen von Fehlern wird jedoch in der heutigen Wirtschaftswelt oftmals als Schwäche ausgelegt, was auch zu Problemen innerhalb des Unternehmens führen kann.[14]

2.2.2 Selbstkontrolle

Die zweite Kategorie der emotionalen Intelligenz beschreibt die Fähigkeit, die eigenen Emotionen zu beherrschen.[15] Sie äußert sich in einem ständigen „Gespräch" mit den eigenen Emotionen und der Suche nach Wegen, diese zu kontrollieren und in nützliche Bahnen zu lenken. Menschen mit dieser Fähigkeit verstehen es, sich in Momenten der Unsicherheit, des Ärgers, der Frustration und der Wut zurück zu nehmen und nach den Ursachen ihrer Emotionen zu fragen. Dadurch schaffen sie ein Umfeld von Vertrauen und Fairness, welches von hoher Produktivität und wenig

---

[10] *Goleman, Daniel*, „Emotionale Intelligenz – zum Führen unerlässlich", S. 3, Harvard Business Manager, 03/1999.

[11] Vgl. ebenda

[12] Vgl. *Goleman, Daniel, Boyatzis, Richard, McKee, Annie*, „Emotionale Führung", S. 62, 2002

[13] Vgl. a.a.O.

[14] Vgl. *Goleman, Daniel*, „Emotionale Intelligenz – zum Führen unerlässlich", S. 3, Harvard Business Manager, 03/1999.

[15] Vgl. *Olesch, Gunther*, „Emotionale Intelligenz: Erfolgsfaktor im Personalmanagement", S. 66, Personalführung 10/1999.

Machtkämpfen geprägt ist.[16] Einen weiteren positiven Aspekt besitzt Selbstkontrolle in seiner Wirkung auf die Mitarbeiter: Ein selbst kontrollierter Vorgesetzter besitzt eine Vorbildfunktion, an welcher sich die Mitarbeiter orientieren.[17]

Selbstkontrollierte Menschen haben weiterhin die Fähigkeit, Veränderungen Positives abzugewinnen und diese leichter mit zu tragen. Dies hat wiederum eine Steigerung der Wettbewerbsfähigkeit des Einzelnen, der Abteilung und somit des Unternehmens zur Folge.[18]

Erkennen lassen sich Menschen, die ein hohes Maß an Selbstkontrolle besitzen darin, dass sie zur Reflexion und Rücksichtnahme neigen. Weiterhin reagieren sie nicht nervös oder panisch auf Veränderungen oder Ungewissheiten, sondern haben die innere Kraft, ihren negativen Impulsen zu widerstehen. Problematisch ist allerdings, dass sie schnell als gefühlskalt abgestempelt werden und ihnen oft ein Mangel an Leidenschaft unterstellt wird.[19]

2.2.3 Selbstmotivation

Der Schlüsselsatz dieser Komponente heißt: Den Willen zur Leistung haben! Menschen, die den ehrlichen Wunsch haben, Leistung zu erbringen, entwickeln eine Leidenschaft für die Arbeit selbst und können sich dadurch selbst motivieren.[20] Selbstmotivation ist somit auch mit dem Begriff „intrinsische Motivation" zu beschreiben, welche die Fähigkeit beschreibt, sich durch innerliche Motive motivieren zu können. Es muss hier keine externe Motivation erfolgen, wie z.B. über Geld.[21]

Selbstmotivation bedeutet aber auch, ständig auf der Suche nach neuen Herausforderungen zu sein, gerne Dinge dazu zu lernen und auf die eigene Arbeit stolz zu sein. Menschen mit dieser Fähigkeit sind kreativ, begierig darauf, Neues auszuprobieren und hinterfragen immer wieder die bestehenden Arbeitsabläufe, um sie zu verbessern.[22]

Vertreter dieser Gruppe benötigen hohe Zielvorgaben und wollen von ihren Vorgesetzten gefordert und gefördert werden. Sie besitzen ein ausgeprägtes Gefühl dafür, welche Aufgaben sie bewältigen können.

---

[16] Vgl. *Goleman, Daniel, Boyatzis, Richard, McKee, Annie*, „Emotionale Führung", S. 70, 2002.

[17] Vgl. *Olesch, Gunther*, „Emotionale Intelligenz: Erfolgsfaktor im Personalmanagement", S. 66, Personalführung 10/1999.

[18] Vgl. *Goleman, Daniel*, „Emotionale Intelligenz – zum Führen unerlässlich", S. 3, Harvard Business Manager, 03/1999.

[19] Vgl. *Goleman, Daniel, Boyatzis, Richard, McKee, Annie*, „Emotionale Führung", S. 71, 2002.

[20] Vgl. a.a.O. S. 61

[21] Vgl. Jung, Hans, „Personalwirtschaft", 4. Auflage, 2001, S. 362

[22] Vgl. *Olesch, Gunther*, „Emotionale Intelligenz: Erfolgsfaktor im Personalmanagement", S. 66, Personalführung 10/1999.

Sie erkennen ihre eigenen Grenzen, auch wenn sie diese zuweilen ü-berschreiten wollen.[23] Daher ist ein Controllingsystem hilfreich, damit die eigenen Fortschritte, aber auch die der Teams oder des Unternehmens sichtbar werden. Eine starke Identifikation mit dem Unternehmen und überdurchschnittliches Engagement für den Unternehmenserfolg zeichnen diese Menschen ebenfalls aus.[24]

2.2.4 Empathie

Empathie beschreibt das Einfühlungsvermögen in die Gefühle anderer Menschen. Als Komponente der emotionalen Intelligenz bedeutet Empathie aber nicht, sich mit Emotionen anderer zu identifizieren und sie somit zu den eigenen zu machen. Es bedeutet vielmehr, die Gefühle andere sorgsam in den Entscheidungsprozess mit einzubeziehen.[25]

So wird beispielsweise eine Führungskraft, die in Zeiten von Entlassungsängsten und Gerüchten nicht mit ihren Mitarbeitern über die bevorstehenden Veränderungen spricht, Angst und dadurch Demotivation verstärken. Eine Führungskraft hingegen, die ihre Mitarbeiter mit ihren Gefühlen akzeptiert und auf diese eingeht, wird feststellen, dass diese produktiver arbeiten und um ihren Job „kämpfen" werden.

Notwendig geworden ist die empathische Fähigkeit von Führungskräften durch die immer größere Anzahl von Team-Einsätzen, der Einsatz von Gruppenarbeit, die Globalisierung und die damit entstandene Herausforderung der Integration verschiedener Kulturen und die Notwendigkeit, gute und fähige Mitarbeiter an das eigene Unternehmen zu binden.[26] Jedoch müssen sich auch Menschen mit ausgeprägten empathischen Fähigkeiten Vorurteilen stellen. So wird ihnen weitestgehend die Fähigkeit abgesprochen, vernünftige und harte Entscheidungen treffen zu können. „Gegner" der Empathie vertreten die Ansicht, dass sich schwierige Entscheidungen nicht treffen ließen, wenn man sich zu sehr mit den Emotionen der Mitarbeiter auseinandersetzt.[27]

2.2.5 Soziale Kompetenz

Den Begriff „Soziale Kompetenz" existiert in der Arbeitswelt bereits seit längerem. Er beschreibt in der allgemeinen Definition die Fähigkeit, Beziehungen zu anderen Menschen aufzubauen und zu unterhalten, sowie

---

[23] Vgl. *Goleman, Daniel*, „Emotionale Intelligenz – zum Führen unerlässlich", S. 8, Harvard Business Manager, 03/1999.

[24] Vgl. a.a.O.

[25] Vgl. *Olesch, Gunther*, „Emotionale Intelligenz: Erfolgsfaktor im Personalmanagement", S. 66, Personalführung 10/1999.

[26] Vgl. *Goleman, Daniel*, „Emotionale Intelligenz – zum Führen unerlässlich", S. 9, Harvard Business Manager, 03/1999.

[27] Vgl. a.a.O

mit anderen Menschen zu kommunizieren.[28] Jedoch ist soziale Kompetenz in diesem Zusammenhang enger auszulegen. Als Komponente der emotionalen Intelligenz beschreibt sie die zweckbezogene Freundlichkeit und die Fähigkeit, andere Menschen dazu zu bringen, sich in die gewünschte Richtung zu bewegen.[29]

Weiterhin wird mit diesem Begriff die Fähigkeit beschrieben, mit unterschiedlichen Personen eine gemeinsame Basis zu finden und mehr als nur oberflächliche Beziehungen aufzubauen. So ist es für eine Führungskraft unerlässlich, sich ein Netzwerk aus Kollegen, Angestellten anderer Betriebe und Vertretern aus Politik und Wirtschaft zu schaffen. Nur so kann sie sicherstellen, dass sie rechtzeitig über Entwicklungen informiert wird, bei auftretenden Problemen auf fundierte Hilfe zurückgreifen und auf bestimmte Bereiche Einfluss ausüben kann.[30]

Goleman nennt diese Komponente die „Krönung der emotionalen Kompetenz"[31], da es die Menschen erst dazu befähigt, ihre anderen emotionalen Komponenten einzusetzen. Somit ist die soziale Kompetenz als zentrale Eigenschaft einer Führungskraft und als die Grundlage ihres Erfolges anzusehen.[32]

---

[28] Vgl. o.V., www.hogrefe.de/aktuell/3-8017-1641-4_lesepr.pdf, abgerufen am 22.02.2005

[29] Vgl. *Olesch, Gunther*, „Emotionale Intelligenz: Erfolgsfaktor im Personalmanagement", S. 66, Personalführung 10/1999.

[30] Aussage von Herrn Lutz Schumacher am 23.02.2005 , Abteilungsleiter der Abteilung Personalentwicklung bei Linde AG, Geschäftsbereich Linde Material Handling

[31] *Goleman, Daniel*, „Emotionale Intelligenz – zum Führen unerlässlich", S. 11, Harvard Business Manager, 03/1999.

[32] Vgl. a.a.O.

3 Emotionale Intelligenz in der Praxis

3.1 Notwendigkeit von emotionaler Intelligenz

Erst kürzlich wurde der Begriff „Humankapital" von Sprachwissenschaftlern zum Unwort des Jahres 2004 gewählt. Über diese Wahl herrscht zumindest bei Wirtschaftwissenschaftlern keine Freude. Für sie ist der Mensch als Humankapital im ursprünglichen Sinn der Erfolgsfaktor, die Unternehmensressource und das Unternehmenspotenzial, welches maßgeblich den zukünftigen Unternehmenserfolg bestimmt.[33]

Der Wandel des homo oeconomicus zum heutigen Bild des komplexen Menschen hat sich über viele Jahre hingezogen. Mehr und mehr setzt sich heute die Ansicht durch, dass der Mensch die flexibelste und wichtigste Ressource im Unternehmen darstellt. „Es sind allein menschliche Qualitäten, die Außergewöhnliches bewirken."[34]

Doch das betriebliche Umfeld hat sich ebenso wie das Menschenbild weiterentwickelt. Der Wandel der wirtschaftlichen Lage, Massenarbeitslosigkeit, Globalisierung, Produktion in Billiglöhnländern, hohe Steuern und Verschlankungen von Unternehmen macht deutlich, dass die Berücksichtigung von Emotionen immer wichtiger wird, um Mitarbeiter „bei der Stange zu halten".[35] Da die deutsche Arbeitskraft jedoch im europaweiten Vergleich sehr teuer ist, müssen Unternehmen wiederum im höchsten Maße darauf achten, dass ihre Mitarbeiter effizient arbeiten, um den Wettbewerbsnachteil auszugleichen.[36]

Heutzutage ist es für eine Führungskraft unerlässlich, sich mit dem Bereich der emotionalen Intelligenz auseinander zu setzten, da Menschen in ihrer Komplexität, d.h. mit alle ihren Emotionen angenommen und geführt

---

[33] Vgl. o.V., http://www.ihre-vorsorge.de/Mensch-Erfolgsfaktor-Zukunft.html, abgerufen am 22.02.2005

[34] o.V., http://www.mercerhr.com/summary.jhtml/dynamic/idContent/1160810, abgerufen am 22.02.2005

[35] Vgl., *Lehman, Jürgen Alexander*, „Erfolgreich durch emotionale Intelligenz", S. 50, Personalwirtschaft, 11/1998.

[36] Vgl. Schäfer, Klaus, ARGUMENTE, Köln Nr. 10/2004.

werden wollen.[37] Wie bereits im zweiten Kapitel dargestellt, benötigt eine Führungskraft mehrere emotionale Fähigkeiten, um Mitarbeiter effizient und produktiv führen zu können. Mitarbeiter wiederum arbeiten nur produktiv und motiviert, wenn sie das Gefühl haben, „bei ihrem Chef gut aufgehoben zu sein". Eine Führungskraft, die Verständnis für die Gefühle ihrer Mitarbeiter zeigt, wird von diesen akzeptiert und kann daher Änderungen leichter durchsetzen, ohne die Motivation der Mitarbeiter zu beeinträchtigen.[38]

Besonders in Zeiten der Veränderungen und Umstrukturierungen ist es wichtig, dass Mitarbeiter diese mittragen und nicht blockieren, denn „Veränderungen werden zu 80% von den Mitarbeitern bewirkt – oder eben nicht!"[39]

Auch auf Managementebenen findet sich ein Grund für die Wichtigkeit von emotionaler Intelligenz. Trotz mittlerweile mehrjährigen Bestehens des Begriffs emotionaler Intelligenz wird in der heutigen Arbeitswelt immer noch versucht, Probleme auf der sachlichen Ebene zu lösen. Viele Führungskräfte scheuen den aktiven Umgang mit den Gefühlen, seien es die eigenen oder die ihrer Mitarbeiter.[40] Die noch vorherrschende Denkweise besagt, dass Emotionen Unberechenbarkeit bringen, Ängste auslösen und dazu neigen, die Regie zu übernehmen. Standardsätze wie „Jetzt haben Sie sich doch im Griff" oder „Nun lassen Sie uns das Problem doch sachlich angehen" prägen die Kommunikation zwischen Führungskraft und Mitarbeiter in Konfliktsituationen.[41]

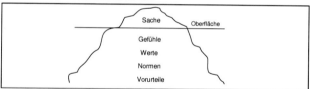

Abbildung 2: Das Eisberg Modell[42]

---

[37] Vgl. o.V., http://www.grenzenlose-unternehmung.de/gu4-9.pdf, abgerufen am 22.02.2005

[38] Vgl. *Goleman, Daniel*, „Emotionale Intelligenz – zum Führen unerlässlich", S. 3, Harvard Business Manager, 03/1999.

[39] Aussage von Herrn Dr. Klaus-Ulrich Meininger am 17.12.2004, Hauptabteilungsleiter und Projektleiter „Migration von SAP R/2 auf SAP R/3 Enterprise" bei der Linde AG, Geschäftsbereich Material Handling

[40] Vgl. *Uhlig, Stephanie*, „Emotionale Intelligenz – Die Entdeckung der Gefühle", S: 5, Integrata Training News 6/1999.

[41] Vgl. *Cooper, Robert K., Sawaf, Ayman*, „EQ – Emotionale Intelligenz für Manager", S. 11, 1997.

[42] Vgl. *Uhlig, Stephanie*, „Emotionale Intelligenz – die Entdeckung der Gefühle", S. 6, Integrata Training News, 6/1999.

Dieses Schaubild verdeutlicht, dass es als Führungskraft, aber auch als Mitarbeiter wichtig ist, auf Emotionen anderer zu achten und sie in Lösungswege mit einzubeziehen, da Konflikte vielschichtig aufgebaut sind. Emotionale Intelligenz muss daher nicht nur als Einstellungsvoraussetzung in die Auswahlverfahren miteinbezogen werden, sondern auch in der Weiterbildung der Mitarbeiter eine zentrale Rolle spielen.

3.2 Erfolgsfaktor emotionale Intelligenz

3.2.1 Einfluss auf die Führung

„Die effektivsten Führungskräfte gleichen sich [...] in einem entscheidenden Punkt: Sie verfügen alle über ein hohes Maß an emotionaler Intelligenz."[43] Die beste Ausbildung, ein wacher Verstand und Kreativität allein reichen demnach nicht aus, um eine herausragende Führungskraft zu werden.

Emotional intelligente Führungskräfte sind auch daher so erfolgreich, da sie es verstehen, ihre Mitarbeiter effizient zu führen und gute Ergebnisse zu erzielen. „Alle orientieren sich am Chef."[44] Die Stimmung, die Haltung und die Meinung eines Vorgesetzten färben bewusst, aber auch unbewusst auf das Verhalten, das Denken und die Meinungen der Mitarbeiter ab. Selbst wenn die Vorgesetzten und Führungskräfte für die Mitarbeiter „nicht greifbar" sind, so beeinflussen sie doch ihr Verhalten. Somit gibt der Vorgesetzte in gewisser Weise den „emotionalen Standard" vor, an welchen seine Mitarbeiter sich zu halten haben.[45] Da das Verhalten der Führungskraft eine derart starke Wirkung auf seine Mitarbeiter hat, kann er sie positiv, aber auch negativ beeinflussen. Gibt ein Vorgesetzter seinen Angestellten konstruktives Feedback, lobt und geht auf ihre Bedürfnisse im Rahmen seiner Möglichkeiten ein, so werden sie ihm das unbewusst durch höhere Motivation, Kreativität, bessere Leistungsfähigkeit und Identifizierung mit ihrer Arbeit und ihrer Abteilung danken.[46] Hält eine Führungskraft diese Rahmenbedingungen jedoch nicht ein und überlässt ihre Mitarbeiter führungslos ihrer Arbeit, wird diese feststellen müssen, dass ihre Mitarbeiter mit Demotivation, Unzufriedenheit und schlechterer Leistung reagieren. Ein Teufelskreis beginnt, in welchem die Leistungen der Mitarbeiter immer schlechter werden und die Führungskraft weiter in ihren Führungsaufgaben versagt.[47]

---

[43] *Goleman, Daniel*, „Emotionale Intelligenz – zum Führen unerlässlich", S. 2, Harvard Business Manager, 03/1999.

[44] Vgl. *Goleman, Daniel, Boyatzis, Richard, McKee, Annie*, „Emotionale Führung", S. 27, 2002.

[45] Vgl. ebenda

[46] Vgl. a.a.O., S. 28

[47] Aussage von Lutz Schumacher am 23.02.2005 , Abteilungsleiter der Abteilung Personalentwicklung bei Linde AG, Geschäftsbereich Linde Material Handling

Zusammengefasst lässt sich somit sagen, dass emotional intelligente Führungskräfte ihren Mitarbeitern eine positive Grundstimmung vermitteln und sie in ihren Emotionen ernst nehmen. Diese Vorgesetzte sind sich darüber bewusst, dass nur effiziente Mitarbeiter ihren Aufstieg und den Erfolg des Unternehmens sichern.

3.2.2 Einfluss auf die Teamarbeit

Die Tatsache, dass emotional intelligente Menschen gemeinsam an einem Projekt arbeiten, bedeutet nicht zwangsläufig, dass diese auch harmonieren werden und der Erfolg des Projekts gesichert ist. Emotional Intelligenz der einzelnen Teammitglieder heißt somit nicht, dass dadurch auch automatisch das gesamte Team über eine gemeinsame emotionale Intelligenz verfügt. Neben der emotionalen Intelligenz des Einzelnen existiert die emotionale Intelligenz von Teams, die nach den Forschungen von *Urch Drsukat* und *Wolff* auf drei Voraussetzungen basiert:[48]

- Vertrauen zwischen den Teammitgliedern
- Das Gefühl der Gruppenidentität
- Der Glaube an das Leistungsvermögen der Gruppe

Diese steigern die Effizienz des Teams und werden auf drei Ebenen gefördert und erreicht. Eine nicht abschließende Aufzählung der Komponenten von emotionaler Intelligenz innerhalb der einzelnen Ebenen von Teams beschreibt nachstehende Tabelle:

Individuelle Ebene	Gruppenebene	Gruppenübergreifende Ebene
Aufeinander zugehen, Vertrauen zueinander aufbauen	Notwendigkeit von Normen zur Selbstwahrnehmung	Ausüben und schulen der sozialen Kompetenzen
Bedenken und Emotionen an- und aussprechen	Feedback gruppenexterner Mitarbeiter	Interaktion mit anderen Mitarbeitern
Balance zwischen den Gefühlen des Einzelnen und denen der Gruppe herstellen	Erkennen der gemeinschaftlichen Reaktionen auf externe Einflüsse	Verständnis für vor- und nachgelagerte Prozessbeteiligte

Tabelle 1: Komponenten der emotionalen Intelligenz von Teams[49]

---

[48] Vgl. *Urch Druskat, Vanessa, Wolff, Steven B.*, „Emotionale Intelligenz bei Teams", S. 2, Harvard Business Manager, 5/2001.

[49] In Anlehnung an ebenda.

1) Individuelle Ebene

Teams bestehen immer aus mehreren Mitgliedern. Sobald aber ein Gruppenmitglied nicht auf derselben emotionalen Ebene agiert wie die anderen, muss sich der Rest dem Einzelnen gegenüber emotional intelligent verhalten und die Ursache für sein Verhalten identifizieren. So reduziert die Verweigerungshaltung eines Einzelnen die Leistungsfähigkeit des gesamten Teams. Wichtig ist daher, dass Teammitglieder auf den Einzelnen eingehen, Vertrauen zueinander aufbauen, Bedenken und Emotionen aus- und ansprechen, sowie negative Gefühle positiv beeinflussen, bzw. eine Balance zwischen den Gefühlen der Einzelnen und den Zielen der Gruppe herzustellen.[50]

2) Gruppenebene

Um erfolgreich zu arbeiten, müssen Teams nicht nur die Emotionen der einzelnen Mitglieder erkennen und berücksichtigen, sie benötigen auch Normen, die die Selbstwahrnehmung der Gruppe unterstützen. Diese Selbstwahrnehmung muss bereits vorhanden sein und kann zusätzlich durch Feedback anderer unterstützt werden. Nur wenn die Gruppe erkennt, welchen Einflüssen sie ausgesetzt ist und wie sie gemeinschaftlich darauf reagiert, kann sie ihre Stärken ausspielen, die Emotionen der Gruppe steuern und effizient arbeiten.[51]

3) Gruppenübergreifende Ebene

Da Teams nicht allein in einem Unternehmen existieren, müssen sie sich zwangsläufig mit anderen Gruppen, Abteilungen, Bereichen und Menschen auseinander setzten. Ein emotional intelligentes Team stellt seine Kompetenzen nicht nur intern unter Beweis, sondern auch in der Interaktion mit anderen Mitarbeitern des Unternehmens. Die Gruppe muss demnach auch auf die Emotionen der Mitarbeiter außerhalb ihrer Gruppe achten. So müssen Teams neben dem eigenen Prozess auch die vor- und nachgelagerten Beteiligten verstehen, um ihre Ziele zu erreichen. Die Teammitglieder müssen somit ihre sozialen Kompetenzen anwenden.[52]

Das nachfolgende Kapitel beschreibt anhand eines Praxisbeispiels die Integration von emotionaler Intelligenz in die Personalweiterbildung und unterstreicht damit auch die Wichtigkeit emotionaler Intelligenz bei Bewerbern und Führungskräften.

---

[50] Vgl. *Urch Druskat, Vanessa, Wolff, Steven B.*, „Emotionale Intelligenz bei Teams", S. 4, Harvard Business Manager, 5/2001.
[51] Vgl. ebenda.
[52] Vgl. ebenda

3.3 Umsetzung in der Praxis – Am Beispiel Merck KGaA

Wie wird emotionale Intelligenz identifiziert? Wie kann der Personalverantwortliche erkennen, welcher Mensch über einen hohen EQ verfügt und welcher nicht? Nach der Erkenntnis, dass emotionale Intelligenz der Erfolgsfaktor von Führungskräften, aber auch Mitarbeitern ist, muss diese nun gemessen bzw. messbar gemacht werden.[53]
Die Merck KGaA, eines der führenden deutschen Chemie- und Pharmaunternehmen, legt auch in Sachen Personalentwicklung, Weiterbildung und Auswahl der Mitarbeiter großen Wert auf einen hohen Standard. So hat Merck in jüngster Zeit sein internationales Entwicklungsprogramm stark erweitert. Um auch potenzielle Kandidaten für Positionen in höheren Ebenen genau identifizieren zu können, entwickelte Merck ein Entwicklungs-Assesment-Center, welches das Vorhandensein von Komponenten der emotionalen Intelligenz überprüft und die Frage beantwortet, an welcher Stelle die teilnehmenden Mitarbeiter optimal eingesetzt werden können.[54]

Das Assesment-Center von Merck hat eine Gesamtdauer von vier Tagen und ist in verschiedene Stufen unterteilt. So werden am ersten Tag die Beobachter vorbereitet, die aus verschiedenen hierarchischen Stufen ausgesucht werden. Am zweiten und dritten Tag werden die verschiedenen Übungen mit den Teilnehmern durchgeführt, bis am vierten Tag die Veranstaltung mit einer Konferenz beendet wird, in der die Ergebnisse anhand einer Stärken-/Schwächen-Analyse der einzelnen Teilnehmer analysiert werden.[55]

Damit das Assesment-Center effektive und sinnvolle Ergebnisse liefert, werden Gruppen von maximal vier Personen gebildet, deren Zusammensetzung sich in jeder Übung verändert. Ein Assesment-Center besteht in der Regel aus zwei Gruppen, wobei auf jeden Teilnehmer pro Übung zwei – immer rollierend - Beobachter kommen, was eine weitestgehende objektive und umfassende Beurteilung garantieren soll. Durch ein erweitertes Notensystem von 0 (schlecht) bis 6 (sehr gut) werden die einzelnen Faktoren bewertet, so dass am Ende eines Assesment-Centers eine transparente Stärken-/Schwächen-Analyse eines jeden Teilnehmers möglich ist.[56]

Folgende Tabelle zeigt auf, welche Komponenten innerhalb des Weiterbildungs-Assesments bei der Firma Merck geprüft werden:

[53] Vgl. *Wickel-Kirsch, Silke, Wetzel, Viktor,* „Ermittlung von emotionaler Intelligenz", S. 58, Personalwirtschaft, 7/2001
[54] Vgl. *a.a.O.*
[55] Vgl. a.a.O.
[56] Vgl. *Wickel-Kirsch, Silke, Wetzel, Viktor,* „Ermittlung von emotionaler Intelligenz", S. 59, Personalwirtschaft, 7/2001

Bestandteile	Ablauf	Bewertungsfaktoren
Gruppendiskussion ohne Rollenvorgabe	Die Teilnehmer diskutieren ein allgemeines Thema wie z.B. "Frauen in Führungspositionen".	Kooperation / Integration
Test	Logiktest, Belastungstest, Kreativtest	Führung / Übernahme von Verantwortung
Kurz-Vortrag	Das Thema ist vorgegeben. Die Vorbereitungszeit betragt 45 Minuten, die Vortragsdauer 15 Minuten.	Umsicht
Gruppendiskussion mit Rollenvorgabe	Das vorgegebene Thema lautet: "Entwicklung einer Insel." Die Teilnehmer einer Gruppe sind jeweils Vertreter verschiedener Interessensgruppen. Ziel der Diskussion ist die Optimierung konkurrierender Ziele.	Stehvermögen
PC-Postkorb	Es sind verschiedene Aufgaben in kurzer Zeit zu erledigen	Analytisch-logisches Vorgehen
Gruppenarbeit mit Rollenvorgabe	Die Aufgabe lautet: "Konstruieren Sie einen Turm!" Die Teilnehmer sind jeweils Vertreter verschiedener Interessensgruppen. Ziel der Aufgabe ist die optimale Nutzung des Turms.	Einfallsreichtum / Flexibilität
PC-Planspiel	"Entwicklung einer Insel! Wichtig ist hierbei die Beachtung vorliegender Informationen. Aufgabe ist die Optimierung von Lebensstandard, Staatshaushalt und Umwelt	Entscheidung / Umsetzung
Interview	Thema des Interviews ist die Biographie des Teilnehmers	Selbstpräsentation

Tabelle 2: Komponenten des Entwicklungs-Assesments bei Merck[57]

Die erste Aufgabe besteht darin, ein vorgegebenes Thema ohne vorgegebene Rollen miteinander zu diskutieren. Hierbei ist es unerheblich, ob ein gemeinsamer Konsens erreicht wird. Vielmehr werden die Bereiche

---

[57] Vgl. *Wickel-Kirsch, Silke, Wetzel, Viktor,* „Ermittlung von emotionaler Intelligenz", S. 59, Personalwirtschaft, 7/2001.

Selbstkontrolle, Empathie und soziale Kompetenz abgefragt. Die Beobachter prüfen innerhalb dieses Tests die Integrations- und Kooperationsfähigkeit der einzelnen Teilnehmer mit dem Ziel, Bewerber zu identifizieren, die auf andere Meinungen und Ansichten eingehen, den anderen Teilnehmern aktiv zuhören, aber auch die eigene Meinung konstruktiv und logisch vertreten. Gewünscht ist hier jedoch nicht, die skrupellose Selbstdurchsetzung auf Kosten der anderen Teilnehmer. Vielmehr „gewinnen" solche Kandidaten, die in der Lage sind, die Meinungen anderer zu respektieren, akzeptieren und sich gegebenenfalls auch von einer Meinung überzeugen zu lassen, ohne jedoch die eigene Auffassung „zu verraten".

Der zweite Bereich des Assesment-Centers beinhaltet die Überprüfung von Führungsfähigkeiten und der Fähigkeit, Verantwortung zu übernehmen. Dieser Test beinhaltet nur sekundär Komponenten der emotionalen Intelligenz. Primär werden hier innerhalb des Logik-, des Belastungs- und des Kreativtests Fähigkeiten überprüft, die mit analytisch-logischem Denken einhergehen.

Der dritte Test prüft das Vorhandensein der Fähigkeit „Umsicht" bei den teilnehmenden Mitarbeitern. Eine umfangreiche und effektive Vorbereitung auf den Vortrag, die Fähigkeit, sich trotz kurzer Zeit alle notwendigen und relevanten Informationen zu beschaffen und sie innerhalb des Vortrags auf klar zur Sprache zu bringen zeigt den Beobachtern, dass der Teilnehmer in der Lage ist, wichtige von unwichtigen Informationen zu trennen und diese präsentabel vorzutragen.

Der vierte Bereich des Assesment-Centers widmet sich der Überprüfung der Komponenten Empathie, soziale Kompetenz und Selbstkontrolle. Innerhalb der Gruppendiskussion sind den Teilnehmern ihre Rollen vorgegeben. Erste Herausforderung besteht dabei, sich in die vorgegebene Rolle hineinzuversetzen zu können und somit auch in der Diskussion seinen Standpunkt effektiv vertreten zu können. Während der Diskussion achten die Beobachter darauf, welcher Teilnehmer in der Lage ist, seine Position stark zu vertreten. Jedoch ist ein Durchsetzen der eigenen Meinung auf Kosten der anderen Teilnehmer ebenso wenig gewünscht, wie das zu schnelle Aufgeben der eigenen Position. Der Teilnehmer muss hier auf ein ausgewogenes Verhältnis zwischen Stehvermögen und Einsicht achten.

Mit Hilfe des PC Postkorbes – eine beliebte Aufgabe innerhalb vieler Assesment-Center – werden rein analytisch-logische Fähigkeiten überprüft. Der Teilnehmer muss hier mehrer Aufgaben einer Führungskraft nach Wichtigkeit und Delegationsfähigkeit unterscheiden.

Nach der Durchführung dieses Tests werden innerhalb des sechsten Bereichs alle Komponenten der emotionalen Intelligenz überprüft. Mit Hilfe einer Gruppenarbeit mit Rollenvorgabe wird Flexibilität und Einfallsreichtum eines jeden Teilnehmer getestet. Die Aufgabe besteht darin, einen Turm zu konstruieren. Die Herausforderung dabei liegt in der Schwierigkeit, die unterschiedlichen Interessen zu vereinen und dadurch eine optimale Nutzung des Turms zu erreichen. Neben den bereits ge-

nannten zu überprüfenden Fähigkeiten, ist es hier für den Teilnehmer ausschlaggebend, möglichst viele Fähigkeiten der emotionalen Intelligenz in sich zu vereinen. Sei es hierbei die Fähigkeit, in der Lage zu sein, die anderen Teilnehmer und ihre Wünsche zu verstehen oder seine eigenen Emotionen dergestalt unter Kontrolle zu haben, dass ein konstruktives gemeinsames Arbeiten möglich ist.

Im Bereich „PC-Planspiel" werden wiederum mehr analytisch-logische Fähigkeiten und Fachwissen überprüft. Die Optimierung von Lebensstandard, Staatshaushalt und Umwelt erfordert umfangreiche betriebswirtschaftliche Kenntnisse und deren Koordinierung und Optimierung ein logisches Verständnis.

Der letzte Teil des Assesment-Centers besteht in einem persönlichen Interview der Teilnehmer. Dieses ist annähernd einem Bewerbungsgespräch gleichzusetzen und beinhaltet als Thema den Lebenslauf des Teilnehmers. Hierbei werden ebenfalls Komponenten der emotionalen Intelligenz überprüft. Wie bereits in Kapitel 2.2.1 kurz beschrieben, lassen sich Fähigkeiten wie z.B. Selbstreflexion auch innerhalb dieser Gespräche erkennen.

Das Assesment-Center beinhaltet somit ein ausgewogenes Verhältnis an Überprüfungen bezüglich der Komponenten der emotionalen Intelligenz, aber auch zu analytisch-logischem Verhalten, da die Wichtigkeit beider Bereiche für den Unternehmenserfolg erkannt wurde. Wie auch *Goleman* ist die Merck KGaA der Auffassung, dass fachliche Fähigkeiten kaum noch Unterscheidungskraft besitzen, da Mitarbeiter immer besser qualifiziert sind. Daher gewinnen gerade die emotionalen Fähigkeiten stark an Bedeutung und machen den Unterschied zwischen einer guten und hervorragend Führungskraft und somit dem Unternehmenserfolg aus.[58] Aber auch außerhalb dieses Entwicklungs-Assesment-Centers hat Merck die emotionale Intelligenz in das Entwicklungsprogramm integriert:

- Führungstrainings
  Innerhalb aller personenorientierten Führungstrainings sind die Komponenten der emotionalen Intelligenz wichtiger Bestandteil. Merck legt hier großen Wert darauf, Führungskräfte für den Bereich der Empathie zu sensibilisieren, da sie „Führungs- und Kommunikationstechniken ohne die Fähigkeit, die andere Person als Individuum wahrzunehmen und auf sie einzugehen [...] nicht für nachhaltig erfolgreich"[59] halten.

- Trainingsmodul „Typologieverfahren" und Gesprächsverfahren
  Während die Gesprächsverfahren (Coaching Methiden in der Führung, Erkunden und Plädieren, Rollenspielsituationen nach

---

[58] Vgl. *Ghiai, Darius-Matthias*, Email vom 30.03.2005, HR/MD/Global Management & Leadership Programs bei Merck KGaA.
[59] Ebenda

der „Fish Bowl"-Methode mit anschließendem Debrief) darauf ausgerichtet sind, das Gegenüber zu erkunden und dessen Emotionen zu verstehen, analysiert das Trainingsmodul auf Basis des Typologieverfahrens die eigenen Verhaltspräferenzen und zeigt alternative Verhaltensmuster auf, die in den entsprechenden Situationen ebenfalls angewandt werden können. Weiterhin wird den Teilnehmern bewusst gemacht, welche emotionalen Wechselwirkung die einzelnen Verhaltenstypen in der Kommunikation auslösen. Ziel ist es hierbei, das Gegenüber verstehen und besser auf ihn oder sie eingehen zu lernen, um die Kommunikationsqualität und damit die soziale Kompetenz zu steigern und das Miteinander im Alltag effektiver zu gestalten

- Auswahl der Auszubildenden
Neben der Weiterbildung von Führungskräften und Mitarbeitern spielt die emotionale Intelligenz auch eine Rolle bei der Auswahl zukünftiger kaufmännischer Auszubildender. Hier werden ebenfalls innerhalb eines Assesment-Centers die „soft skills" der zukünftigen Mitarbeiter überprüft. Besonders Teamarbeit, Integrationsfähigkeit und Empathie sind Einstellungsvoraussetzungen.[60]

---

[60] Vgl. *Gessner, Clemens*, Email vom 31.03.2005, HR/B/Kaufmännische Aus- und Weiterbildung bei Merck KGaA.

4 Emotionale Intelligenz als Allheilmittel?

„Das Konzept [der emotionalen Intelligenz] ist zum Trend geworden!"[61] Seit der Publikation von *Golemans* „Emotionaler Intelligenz" ist der EQ in aller Munde. Als Erfolgsfaktor für Menschen in Beruf und Privatleben gelobt, wurde er von Unternehmen in Aus- und Weiterbildung integriert, um ihre Mitarbeiter zu qualifizieren. Seminare, Konferenzen, Trainings und Wochenendkurse wurden durchgeführt – Mit der Fokussierung auf die emotionale Intelligenz wurde versucht, alle betrieblichen Probleme zu lösen.[62]

Der Erfolg dieser Maßnahmen war jedoch nur mäßig. Emotionale Intelligenz lässt sich nicht in Schulungen, Seminaren, Trainings und Konferenzen vermitteln. „Sie kann nicht verordnet werden!"[63] Denn Emotionen durchlaufen im Gehirn andere Schaltkreise als unsere Rationalität, so dass rationale Erklärungen über emotionale Intelligenz niemals das Erlernen desselben zur Folge haben wird. Schon allein deswegen waren die in aller Eile aus der Schublade geholten Maßnahmen zum Scheitern verurteilt.

Wie aber können Unternehmen ihre Mitarbeiter dennoch zu emotional intelligenten Menschen formen? Nach *Goleman* kann und muss emotionale Intelligenz ständig geübt werden. Es ist ein dauernder Prozess, bis die einzelnen Fähigkeiten verfeinert bzw. entwickelt werden.[64] Emotionale Intelligenz kann in vielen Bereichen mit dem altmodischen Wort „Reife" gleichgestellt werden. Damit ist sie ein Produkt aus Erfahrung und der Lebensschule und lässt sich nicht von heute auf morgen entwickeln. So ist es notwendig, sich die Eigenschaften anhand vieler Situationen anzueignen.

In Zukunft werden Unternehmen wohl noch verstärkt auf die so genannten weichen Fähigkeiten eines Mitarbeiters, besonders aber einer Führungskraft achten. Nachdem sich herausgestellt hat, dass es eben diese Fähigkeiten sind, die einen Menschen und damit auch das Unternehmen erfolgreich macht, wird diese Komponente aus den Weiterbildungskonzepten nicht mehr wegzudenken sein.

---

[61] *Goleman, Daniel* in einem Interview aus Brückenbauer 15, vom 13. April 1999
[62] Vgl. ebenda
[63] Ebenda
[64] Vgl. ebenda

Doch lassen sich die Komponenten der emotionalen Intelligenz bereits in die Auswahl der Mitarbeiter effektiv integrieren? Die Beantwortung dieser Frage gestaltet sich schwierig. So können Unternehmen in der meist kurzen Zeit der Auswahlverfahren zwar grundlegende Veranlagungen der potenziellen Mitarbeiter erkennen, klare und eindeutige Aussagen über die Ausprägung der Komponenten der emotionalen Intelligenz lassen sich jedoch nur schwer treffen.

Rollenspiele sind als Bestandteile von Auswahl-Assesment bereits seit längerer Zeit integriert, jedoch lassen diese nur generelle und allgemeine Aussagen über die emotionale Kompetenz der Bewerber zu. Vor allem vor dem Hintergrund, dass sich die Bewerber während des Auswahlverfahrens teilweise sehr effektiv verstellen können, macht die Auswahl im Hinblick auf die emotionale Intelligenz nicht einfacher. Detaillierte Veranlagungen lassen sich somit auch heute noch erst dann wirklich erkennen, wenn der Bewerber Teil des Unternehmens geworden ist und seine Fähigkeiten unter Beweis gestellt hat. Auch vor diesem Hintergrund ist es daher notwendig, den Mitarbeiter innerhalb seiner Probezeit genau zu beobachten. Die Praxis hat dieser Notwendigkeit auch schon dadurch Rechnung getragen, dass mit einer hohen Position auch eine längere Probezeit einhergeht. Dies deckt sich auch mit der Aussage von Goleman, dass emotionale Intelligenz immer wichtiger wird, je höher eine Führungskraft in der Hierarchie steigt.

Prinzipiell lässt sich somit ableiten, dass emotionale Intelligenz eine wichtige Fähigkeit der Führungskräfte und Mitarbeiter darstellt, da sie neben dem beruflichen Erfolg des einzelnen auch den Erfolg des Unternehmens voranbringen kann. Die Ausarbeitung hat gezeigt, dass sich emotionale Intelligenz auf verschiedenste Art und Weise zeigen kann, dass unterschiedliche Situationen auch verschiedene Verhaltensmuster verlangen und dass es keine objektive Maßstab geben kann, um emotionale Fähigkeiten innerhalb der fünf Bereiche näher zu kategorisieren. Jedoch hat die Untersuchung auch herausgestellt, dass grundlegende menschliche und damit emotionale Fähigkeiten, die wir im Privatleben an den Tag legen, unseren beruflichen Erfolg innerhalb eines Unternehmens sichern können. So ist die Praxis davon abgewichen, Mitarbeiter nur als „Sache" anzusehen, die zu keinerlei Emotionen fähig sind. Denn eines haben bereits sehr viele Untersuchungen gezeigt: Nur motivierte Mitarbeiter und Führungskräfte arbeiten effektiv und produktiv und sichern somit ihren eigenen Erfolg und damit auch den des Unternehmens!

Literatur- und Quellenverzeichnis

Cooper, Robert K., Sawaf, Ayman, „EQ – Emotionale Intelligenz für Manager", S. 11, 1997.

Gessner, Clemens, Email vom 31.03.2005, HR/B/Kaufmännische Aus- und Weiterbildung bei Merck KGaA.

Ghiai, Darius-Matthias, Email vom 30.03.2005, HR/MD/Global Management & Leadership Programs bei Merck KGaA.

Goleman, Daniel in einem Interview aus Brückenbauer 15, vom 13. April 1999

Goleman, Daniel, „Emotionale Intelligenz – zum Führen unerlässlich", Harvard Business Manager, 03/1999.

Goleman, Daniel, „Emotionale Intelligenz", 1998, 9. Auflage, Deutscher Taschenbuch Verlag GmbH & Co. KG, München.

Goleman, Daniel, Boyatzis, Richard, McKee, Annie, „Emotionale Führung", S. 28, 2002.

Jung, Hans, „Personalwirtschaft", 4. Auflage, München, 2001

Lehman, Jürgen Alexander, „Erfolgreich durch emotionale Intelligenz", Personalwirtschaft, 11/1998.

Merck KGaA Homepage, http://www.merck.de/servlet/PB/menu/1253950/ index.html, abgerufen am 23.02.2005

o.V., http://www.grenzenlose-unternehmung.de/gu4-9.pdf, abgerufen am 22.02.2005

o.V., http://www.ihre-vorsorge.de/Mensch-Erfolgsfaktor-Zukunft.html, abgerufen am 22.02.2005

o.V., http://www.mercerhr.com/summary.jhtml/dynamic/idContent/1160810, abgerufen am 22.02.2005

o.V., http://www.xenu.ch/tests/ocatest2.htm, abgerufen am 22.02.2005

o.V., www.hogrefe.de/aktuell/3-8017-1641-4_lesepr.pdf, abgerufen am 22.02.2005

Olesch, Gunther, „Emotionale Intelligenz: Erfolgsfaktor im Personalmanagement", Personalführung 10/1999.

Peters, Axel, „Das Hay-Beratungskonzept", Management & Training, 8/2000

Schäfer, Klaus, „Arbeitskosten: Keine Verschnaufpause", ARGUMENTE, Köln, Nr. 10/2004.

Statistisches Bundesamt, http://www.destatis.de/indicators/d/arb210ad.htm, abgerufen am 23.02.2005

Uhlig, Stephanie, „Emotionale Intelligenz – die Entdeckung der Gefühle", Integrata Training News, 6/1999.

Wickel-Kirsch, Silke, Wetzel, Viktor, „Ermittlung von emotionaler Intelligenz", Personalwirtschaft 7/2001